★ Retrouvez dans la même collection ★

Disney
Raconte-moi des histoires
·pour rêver·

Disney
Raconte-moi des histoires
·pour rire·

Responsable éditoriale : Adélaïde Lebuy
Responsable artistique : Pauline Ortlieb
Édition : Maéva Filippi
Graphisme : Glen Le Boulicaut
Adaptation des textes : Claire Bertholet
Mise en pages : Céline Trouvé
Fabrication : Marine Wiplier

Édité par Hachette Livre – 58, rue Jean Bleuzen - 92178 Vanves Cedex
Imprimé par Rotolito en Italie – Achevé d'imprimer : avril 2020
ISBN : 978-2-01-711663-9 – Édition : 01 – Dépôt légal : avril 2020
Loi n°49-956 du 16 juillet 1949 sur les publications destinées à la jeunesse.

Pour tout renseignement concernant nos parutions, nous contacter par téléphone au 01 43 92 38 88 ou par e-mail : disney@hachette-livre.fr
Pour l'éditeur, le principe est d'utiliser des papiers composés de fibres naturelles, renouvelables,recyclables et fabriquées à partir de bois issus de forêts qui adoptent un système d'aménagement durable. En outre, l'éditeur attend de ses fournisseurs de papier qu'ils s'inscrivent dans une démarche de certification environnementale reconnue.

Disney

Raconte-moi des histoires

pour rêver

hachette
JEUNESSE

Sommaire

Disney

La Belle et La Bête

Belle et les constellations

À la tombée de la nuit, Belle et Zip se promènent dans les jardins du château.

— Regarde, Zip, dit Belle en désignant le ciel. Ce soir, on peut voir la constellation du dragon.

— C'est quoi, une constellation ?

— C'est un groupe d'étoiles qui peuvent former une image en étant reliées, précise-t-elle en suivant les contours du dragon avec son doigt. Tu vois ?

Tout excitée, la petite tasse de thé se met à sautiller.

— Et combien y a-t-il de constellations là-haut ?

— Suis-moi, répond Belle en souriant. Je sais où nous pourrons en apprendre davantage !

Belle conduit Zip dans la bibliothèque du château. Elle y trouve un livre consacré à l'astronomie qu'elle lit à haute voix :

— Il y a très longtemps, les gens cherchaient des images cachées dans les étoiles. Ces images formées par les points furent nommées des constellations, qui inspirèrent de merveilleuses histoires... Regarde, Zip ! s'écrie-t-elle après avoir tourné la page du grimoire. Il y a même une carte de la voûte céleste détaillant les différentes constellations.

Zip saute aussitôt de la table.

— Retournons dehors pour les admirer ! crie-t-il en bondissant jusqu'à la porte.

Belle suit Zip sur la terrasse du château. Malheureusement, le ciel s'est couvert de nuages sombres pendant qu'ils étaient à l'intérieur. Impossible de distinguer les étoiles ! Zip est vraiment très déçu, mais Belle a une idée pour le réconforter.

— Peut-être que nous pourrions créer notre propre constellation, ainsi que l'histoire qui l'accompagne ? Ensuite, nous l'accrocherions dans la bibliothèque pour l'admirer autant que nous le voudrions.

Zip est fou de joie ! Belle déclare :

— Allons d'abord chercher des objets brillants pour représenter les étoiles : je sais que les tiroirs de l'Armoire en sont remplis !

Belle entraîne Zip jusque dans sa chambre, où se trouve l'Armoire.

— Nous travaillons sur un projet, annonce Zip, mais c'est une surprise ! Est-ce que nous pourrions t'emprunter des objets brillants ?

— Mais bien sûr ! s'écrie l'Armoire, ravie de pouvoir les aider.

L'Armoire ouvre ses tiroirs. Zip est émerveillé : il découvre une myriade de boutons étincelants, des perles de cristal de toutes tailles, et toutes plus belles les unes que les autres. Zip et Belle font leur choix parmi les trésors qu'ils ont sous les yeux.

— Merci, l'Armoire ! répond Zip en sortant de la chambre.

Dans le couloir, Belle interroge Zip :
— Que voudrais-tu ajouter pour éclairer notre ciel étoilé ?

— Des planètes ! s'exclame la petite tasse de thé.
Les deux amis descendent rapidement dans le hall d'entrée à la recherche de Big Ben, à qui ils demandent s'ils peuvent lui emprunter des engrenages. Perplexe, l'horloge ouvre tout de même l'un de ses placards et en sort plusieurs engrenages rutilants.

— Qu'ils sont beaux ! C'est parfait ! s'extasie Zip.

Pour relier les étoiles, Zip suggère d'aller demander de l'aide à Madame Samovar, qui est toujours ravie de les voir.
— Maman, est-ce que tu aurais du fil de fer ou de la ficelle ?
— Eh bien, ce panier à œufs troué ne me sert plus. Vous pouvez le défaire pour récupérer le fil de fer.
De retour dans la bibliothèque, Belle et Zip disposent sur une table tous les objets qu'ils ont rassemblés.
— Oh là là, Zip, dit Belle, nous avons oublié ce que je préfère concernant les constellations :
l'histoire !
Zip la rassure en lui faisant part de son idée...

Plus tard, Belle demande à la Bête de grimper en haut de l'échelle de la bibliothèque pour fixer leur œuvre au plafond. Puis il la recouvre d'un immense rideau noir. La surprise est prête ! Zip fonce prévenir tout le monde et les invite à s'installer. Belle éteint les bougies et Zip commence son histoire :

— Il était une fois une jeune fille prénommée Belle, qui s'était perdue dans une sombre forêt enneigée. Au même moment, Belle disperse des flocons de neige en papier dans les airs.

Très concentré, Zip poursuit son histoire :
— Soudain, des loups féroces encerclèrent la jeune fille… Elle était persuadée qu'ils allaient la dévorer ! C'est alors que la Bête surgit, et un terrible combat s'engagea. La Bête saisit l'un des loups et le projeta dans les airs. Une constellation en forme de loup apparut dans le ciel, et chacun peut encore la voir aujourd'hui…

À ces mots, Belle retire le rideau noir pour dévoiler la constellation qu'ils ont construite ensemble.

Zip conclut son récit :
— Cette histoire rappelle qu'il ne faut jamais s'en prendre aux amis de la Bête !
Alors que les spectateurs applaudissent, Lumière se fraye un chemin jusqu'à Belle.
— Les étoiles sont censées briller, non ? demande-t-il en souriant.
Le chandelier dirige alors ses bougies vers la constellation. Aussitôt, chaque perle brillante et chaque bouton doré se met à scintiller... pour une constellation du loup magique et féerique !

Disney

La Petite Sirène

Les lumières de la nuit

Depuis qu'elle est redevenue humaine, la princesse Ariel adore sa nouvelle existence aux côtés du prince Éric. Après avoir rêvé pendant si longtemps de vivre à la surface, elle est impatiente de tout connaître sur le monde des Hommes ! Un soir, alors qu'Ariel et Éric dînent au clair de lune, la jeune femme confie à son princc :

— La nuit est tellement différente, ici ! Sous l'océan, il fait très sombre. Mais à la surface, vous pouvez avoir de la lumière même en pleine nuit, grâce au FEU.

Éric sourit :
— Tu sais, le feu n'est pas le seul moyen sur terre qui permet d'illuminer la nuit ! Viens, je vais te montrer quelque chose qui va beaucoup te plaire.
Sans attendre, le prince se lève pour éteindre les torches, plongeant ainsi le balcon dans l'obscurité. Ariel écarquille alors les yeux : de petites étincelles lumineuses virevoltent tout autour d'eux.
— Oh, que c'est beau ! s'écrie Ariel, fascinée. Mais qu'est-ce que c'est ?
— Ce sont des lucioles, répond le prince, saisissant l'une d'entre elles dans le creux de sa main.

Ariel tend la main pour toucher délicatement la luciole. En la voyant s'éclairer à son contact, elle pousse des cris de joie. La petite créature prend finalement son envol et file rejoindre ses amies.

— Elles sont incroyables, s'émerveille Ariel. Elles me font penser à quelque chose...

Tandis que d'innombrables points lumineux scintillent au-dessus de leur tête, Ariel désigne le ciel.

— Tu veux parler des étoiles ? devine Éric en levant les yeux à son tour.

— Oui, répond Ariel avec un grand sourire. Les lucioles ressemblent à de minuscules étoiles qui auraient décidé de venir vivre sur terre... exactement comme moi !

— Je n'avais jamais envisagé les choses ainsi, observe le prince. Mais ta comparaison est très juste...

Malgré la beauté de cette soirée au clair de lune, Ariel est un peu contrariée :
— C'est dommage, on ne voit pas bien les étoiles.
À cause des lumières du palais, il est difficile de bien les distinguer. Lorsque Ariel se glissait à la surface de l'eau et qu'il faisait sombre, il lui était plus facile de les admirer. Elles *brillaient* si fort !

La princesse saisit alors la main d'Éric.
— Allons là où il n'y a ni villages, ni fermes, propose-t-elle.
Ce soir, je veux voir les étoiles... **toutes les étoiles !**
Attendri, le prince accepte et appelle une calèche.

Les deux amoureux s'y installent, pleins d'impatience.
Les chevaux s'élancent hors du palais puis parcourent la campagne vallonnée.
Alors qu'ils s'éloignent des lumières du village, tout devient sombre autour d'eux.

– Comme la nuit est belle !

se réjouit Ariel.

Après une longue chevauchée, la calèche s'arrête au sommet de la plus haute colline des environs.

Ariel est de plus en plus impatiente ! Après avoir sauté de la calèche, elle contemple les alentours. Le sommet de la colline est plongé dans l'obscurité.

— Cet endroit est vraiment parfait ! constate gaiement Ariel.

Folle de joie, elle lève les yeux vers le ciel nocturne. La princesse ne sait plus où donner de la tête, car les étoiles sont encore plus nombreuses que lorsqu'elle les regardait depuis la surface de l'océan !

— Oh, Éric, c'est *fantastique !*

Quelle merveilleuse soirée !

Après avoir fait quelques pas main dans la main, les deux amoureux s'installent sur une couverture moelleuse. Ensemble, ils admirent la voûte céleste.

— Je n'ai jamais vu autant d'étoiles de ma vie, murmure le prince Éric. Elles sont même bien trop nombreuses pour qu'on puisse les compter !

— Oui, rit la princesse. C'est le plus beau plafond dont on puisse rêver !

Ariel ne se lasse pas de contempler le ciel. Décidément, la vie sur terre est pleine de belles surprises !

Bientôt, Ariel repère des formes dans le ciel.
— Regarde, Éric ! Tu ne trouves pas que ce groupe d'étoiles, là-bas, ressemble à un bateau ?
— En effet ! approuve-t-il. Et celles-là dessinent un trident !
Amusé, le couple identifie également la silhouette d'un chien et celle de Sébastien, l'ami d'Ariel !
Soudain, une étoile se met à bouger et semble tomber du ciel ! Surprise par l'étoile brillante qui se déplace, Ariel sursaute. Bientôt, une nuée d'étoiles filantes envahit le ciel.
— Il s'agit d'une pluie de météorites, explique Éric.
Éblouie, Ariel admire le ballet lumineux.

Devant l'étonnement d'Ariel, Éric poursuit ses explications :

— Sais-tu qu'on dit que les étoiles filantes ont le pouvoir d'exaucer les vœux ?

— Oh non, je l'ignorais. Mais j'ai réalisé un souhait très cher ce soir, sourit Ariel. Jamais je n'aurais pu imaginer pouvoir un jour contempler un tel spectacle ! Merci, Éric, car c'est grâce à toi !

Après avoir gardé quelques instants le silence, Ariel reprend :

— Tu sais, j'avais raison tout à l'heure.

— À propos de quoi ? questionne Éric, intrigué.

Ariel sourit, tandis que les étoiles scintillantes se reflètent dans ses yeux.

— Nous avons eu la preuve ce soir que les étoiles veulent vraiment descendre sur terre ! Et je les comprends : tout est si beau ici !

Alice
au pays des Merveilles

Des oiseaux et des papillons voltigent doucement dans le pré tandis que le vent souffle dans les arbres. Alice écoute distraitement sa grande sœur lui lire sa leçon d'Histoire.

Alice préfère rêver, bercée par le vent tiède. À tant rêvasser, ses yeux finissent par se fermer. Une seconde seulement ! Car une voix aiguë s'égosille :

— Je suis en retard ! Je suis en retard !

Alice rouvre les yeux et... **quelle surprise !**

Un lapin blanc, vraiment étonnant, traverse le pré en courant...

Ce lapin-là porte des lunettes, un parapluie, un nœud papillon et un charmant gilet. Il s'arrête soudain pour en sortir une grosse montre à gousset.
– Je suis en retard ! répète-t-il. Dire que j'ai rendez-vous !
Et il repart à toute allure... poursuivi par Alice, curieuse de savoir où et avec qui il a rendez-vous.
– Attendez-moi ! l'implore-t-elle.
– Pas le temps ! Pas le temps ! lui répond-il.
Et hop ! Il saute dans un terrier. **Et hop !**
Alice plonge dedans à son tour.

Mais c'est un puits, non un terrier ! Elle tombe au ralenti, **comme dans un rêve.** Et, devant ses yeux ronds, défilent des tableaux, des miroirs, des vases, des livres, des tables... Tout cela lui paraît aussi charmant qu'étonnant. Mais, n'empêche ! elle aimerait bien revoir le monde à l'endroit, avoir la tête en l'air et les pieds sur terre. Arrivé au fond du puits, le Lapin Blanc repart à toute allure vers le fond de la salle où ils ont atterri. Alice s'élance derrière lui et... se retrouve nez à nez avec une drôle de serrure : **une serrure qui parle !**

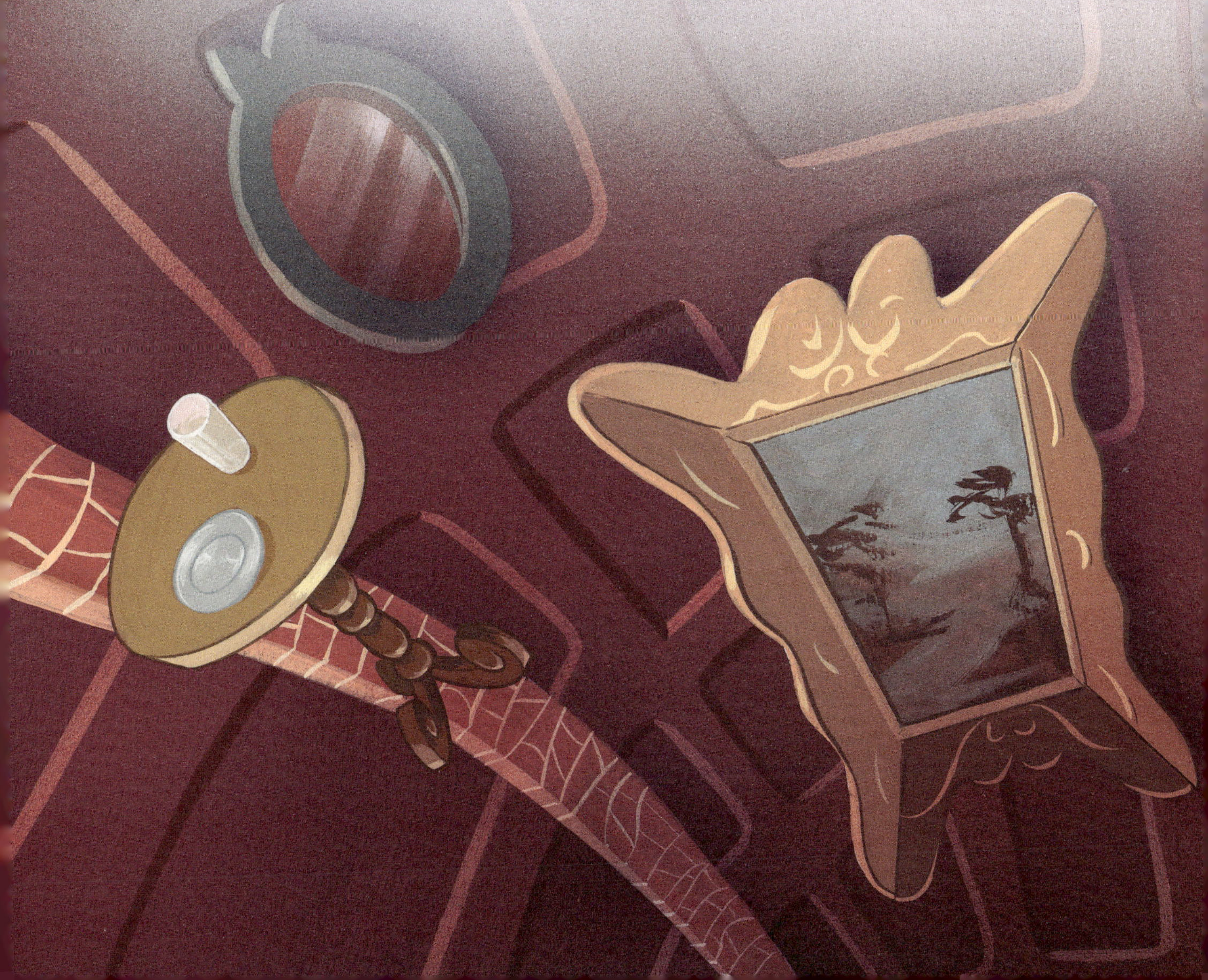

– Tu es trop grande pour franchir cette porte ! annonce la serrure. Bois quelques gorgées du flacon posé sur le guéridon juste à côté de ma clé !

Alice obéit. Aussitôt, elle rapetisse, rapetisse, devient si petite qu'elle ne peut plus attraper la clé ! Elle saute et s'agrippe au rebord du guéridon... **Patatras,** c'est la chute !

La pauvre Alice se met à pleurer tout en attrapant une boîte de gâteaux. Elle en croque un, puis deux... **C'est magique !** Elle grandit, grandit. Ses larmes grossissent, grossissent, et finissent par former un véritable océan. Alice profite de sa grande taille pour s'emparer de la clé, puis boit une nouvelle gorgée de potion afin de pouvoir franchir la porte.

Oh ! une vague l'emporte, et Alice tombe dans le flacon ! Celui-ci passe par la serrure, se casse, libérant ainsi Alice. Elle traverse une pièce, une autre, puis débouche sur une forêt.

— Oh, quelle jolie chaumière ! s'extasie Alice au bout d'un moment.

Curieuse de savoir qui l'habite, elle s'en approche et...

POUET ! POUET ! un air de trompette lui perce les oreilles, suivi d'une voix aiguë : celle du Lapin Blanc !

— Je suis en retard ! Courez chercher mes gants dans la maison ! lui ordonne-t-il.

Alice obéit et entre. **Hélas !** elle ne trouve pas les gants du Lapin Blanc. En revanche, elle découvre d'appétissants gâteaux. Elle en croque un, puis deux, et... grandit démesurément ! Ses bras passent par les fenêtres, sa tête transperce le toit !

– Vite, il faut manger des carottes du jardin, lui conseille le Lapin.

Cric ! Croc ! Alice croque une carotte. Et, par magie, elle redevient petite. Si petite que, à peine sortie de la chaumière, un coup de vent l'emporte au loin. Adieu, monsieur le Lapin Blanc !

Alice se retrouve dans un champ de fleurs très bavardes. Mais celles-ci ne veulent pas lui révéler la direction à suivre. Alors, la petite Alice reprend sa route, au hasard. Tout à coup, elle rencontre un mystérieux chat rose et rayé.

— Un chemin en vaut un autre dans ce pays. Mais moi, si je cherchais le Lapin Blanc, j'irais plutôt de ce côté-ci... ou bien de ce côté-là.

Alice ne comprend rien aux paroles de
ce fantastique personnage...
et se remet en route, sans grand espoir.

Au hasard d'un chemin, Alice découvre un château devant lequel trois jardiniers-cartes-à-jouer peignent en rouge des roses blanches. Quelle idée !

– La Reine de Cœur a dit qu'elle nous couperait la tête si elle voyait du blanc !

POUET ! POUET ! Alice entend une trompette et aperçoit... le Lapin Blanc !

– Place à la Reine ! claironne-t-il.

Alice sait maintenant **avec qui** le Lapin Blanc avait rendez-vous !
– Courbez-vous pour saluer la Reine de Cœur ! s'écrie le Lapin.
Aussi large que haute, la terrifiante Reine de Cœur avance et découvre Alice.
– Venez jouer au croquet avec moi ! lance-t-elle.
Commence alors une drôle de partie, avec des flamants roses en guise de maillets et des hérissons en guise de boules ! D'abord surprise, Alice perd le premier jeu, puis gagne les suivants. **Catastrophe !** la Reine a horreur de perdre au croquet.

Heureusement, la fillette trouve dans sa poche
des miettes de gâteau qu'elle avale sans tarder.
Victoire ! elle se remet à pousser comme un arbre.
Alice s'enfuit, la Reine et toute sa Cour à ses trousses.
Elle court, court, court et se retrouve… dans le pré !
Au pied d'un arbre, assise devant sa grande sœur,
Alice comprend qu'elle a visité, en rêve peut-être,
la plus étrange des contrées : **le Pays des Merveilles.**

Disney · PIXAR

TOY STORY

Une aventure dans l'espace

Les jouets d'Andy se sont amusés tout l'après-midi ! C'est bientôt l'heure de dormir, et les petits pois sont très **fatigués.** Mais une querelle éclate brusquement entre eux.

— C'est ta faute si nous avons perdu le match de basketball, Poité ! se fâche Poinélope. Woody t'a dit de courir.

— Non, c'est à Poitrice qu'il a dit de courir ! se défend Poité. Parce qu'il m'a confondu avec lui !

— N'importe quoi ! rétorque Poitrice. Ce n'est pas parce que je te ressemble que je dois faire les choses à ta place !

Heureusement, Buzz l'Éclair a une idée pour les calmer :

— Allez, au lit, les petits pois ! Je vais vous **raconter une histoire...**

Tous se regroupent alors autour de l'astronaute.
« **Il était une fois,** commence Buzz, un infâme empereur du nom de Zurg. Un jour, il déroba une armure Turbo top secret de Ranger de l'espace. On me confia la mission de la récupérer, car j'étais le seul qui en était capable ! »

— Wouah ! s'exclame Woody, admiratif. J'aimerais bien savoir ce que ça fait d'être **un HÉROS de l'espace !**

— Moi aussi, renchérit Rex. Dis-moi, Buzz, est-ce que je peux faire partie de ton histoire ?

— Bien sûr ! approuve Buzz en souriant.

Et il reprend :
« J'avais formé un équipage très spécial pour m'accompagner dans mes dangereuses aventures spatiales : le lieutenant Woody et le sous-lieutenant Rex ! Nous atterrîmes sur la planète Zurg.
Mais s'adapter à un environnement inconnu nécessite une grande concentration. Or, mes hommes s'amusaient avec **leurs nouveaux pouvoirs.**
— Génial, je vole ! s'exclamait Woody.
— Et moi, j'ai des bras de combat, se réjouissait Rex.
C'est fantastique !

— Restez concentrés, les gars ! leur recommandai-je. L'ennemi peut être n'importe où.
Je ne croyais pas si bien dire ! Soudain, nous aperçûmes l'armée des fidèles robots de Zurg, les Zurbots ! Ils étaient des centaines, et chacun d'entre eux émettait un terrible vrombissement.
— Nous vous couvrons, capitaine ! annonça le lieutenant Woody.
— Excellent ! répliquai-je. Je dois à tout prix trouver cette armure Turbo !

Mais où était donc le quartier général de l'empereur Zurg ? Tandis que je m'éloignais, j'entendis un nouveau vrombissement. D'où venait-il ? Je découvris rapidement qu'il provenait d'un seul Zurbot. Étrange ! D'habitude, les robots de l'infâme Zurg ne se déplaçaient jamais seuls. De plus, ce vrombissement était différent : il ressemblait presque à de la musique.
J'étais vraiment intrigué...

Lorsqu'il m'aperçut, le robot cria :
— Ne tire pas ! Je ne suis pas comme les autres !
Mon nom est Zenny, et je refuse de me battre. Je veux juste **chanter !** Mais l'empereur ne m'autorisera jamais à le faire.
Cependant, alors que toute la galaxie était menacée, comment pouvais-je lui **faire confiance ?**
Soudain, Zenny me fit une proposition inattendue :
— Je vais t'aider et te mener jusqu'à l'armure Turbo, promit-il.

Fidèle à sa parole, Zenny me conduisit au cœur de la cachette de Zurg.
— Content de t'avoir rendu service ! me dit le robot, après que je l'eus remercié.
Mais le répit fut de courte durée. Lorsque je trouvai enfin la précieuse combinaison, une bande de Zurbots m'attaqua ! Avais-je été trahi par Zenny ?

Je fis alors une terrible découverte : mes lieutenants avaient également été capturés ! **CATASTROPHE !**

— Désolé, Capitaine, s'excusa Woody, penaud. Les Zurbots étaient trop nombreux, ils nous ont encerclés !

— Nous n'avons rien pu faire, gémit Rex.

Déjà, le chef des Zurbots approchait, et l'ambiance devint brutalement sinistre.

— Enfin, nous nous retrouvons, Buzz l'Éclair ! s'exclama l'empereur Zurg de sa cruelle voix. Cette rencontre sera la dernière de toutes, je te le promets !

— Que tu crois ! lui rétorquai-je. On ne se débarrasse pas aussi facilement de Buzz l'Éclair !

J'avais beau fanfaronner, j'avais bien compris que, cette fois-ci, notre dernière heure semblait venue...

Soudain, une voix s'éleva dans le quartier général.
— Pas si vite, Zurg ! clama courageusement Zenny.
Je ressemble peut-être aux autres Zurbots, mais rien ne m'oblige à agir comme eux !
Et c'est alors que Zenny se mit à chanter.

Nous étions tous époustouflés par autant d'audace. Le vaillant robot chanta de plus en plus fort. Sa voix s'amplifia au point que les stalactites du plafond se mirent à trembler. Enfin, elles se détachèrent et tombèrent sur le sol, emprisonnant Zurg. BlanG !
— Emparez-vous du traître chantant ! hurla alors l'empereur, au comble de la fureur.

Mais Zenny fut plus rapide ! Avant même que les Zurbots ne puissent s'approcher de lui, il défit nos liens et nous libéra. Puis il se remit à chanter à tue-tête. Profitant de la panique générale, je grimpai rapidement jusqu'à l'armure volée par l'empereur. Ma combinaison à énergie spéciale fusionna aussitôt avec le Turbo, redoublant ma force. Pendant ce temps, mes lieutenants purent enfin utiliser leurs pouvoirs eux aussi !
En unissant nos forces, **nous étions invincibles !**

Les Zurbots avaient définitivement perdu le combat ! L'armure Turbo était sauvée, arrachée des griffes de Zurg. Nous emprisonnâmes l'empereur démoniaque dans une cellule de la navette spatiale.

— Je me vengerai, Buzz l'Éclair, je te le promets ! cria-t-il.

— Peut-être, lui répondis-je. Mais tu vas d'abord passer quelques années en prison ! **Cap sur la Terre !** dis-je tandis que la navette quittait la planète Zurg.

La voix de mon commandant grésilla dans la radio :

— Félicitations, Rangers ! Vous êtes vraiment les meilleurs de la galaxie !

Tandis que notre navette s'éloignait, nous aperçûmes notre ami Zenny : il était en train d'apprendre à chanter aux autres Zurbots. Au son de leurs chansons, des arbres et des fleurs commencèrent à pousser. La planète Zurg, qui avait été pendant si longtemps le repaire du sinistre empereur, se transformait peu à peu en un endroit paisible et idyllique. »

Dans la chambre d'Andy, Buzz conclut :
— Et voilà, l'histoire est terminée !
Vous voyez, Zenny savait rester lui-même, comme chacun de vous doit essayer de le faire. D'accord, les petits pois ?
Mais déjà, les trois frères se sont endormis, serrés les uns contre les autres. Faites de beaux rêves, les petits !

Disney

La Belle au Bois Dormant

Dans un château lointain, est née une petite princesse, *belle comme le jour*, lorsqu'il se lève.
C'est pourquoi ses parents, le roi Stéphane et la reine Orhiane, l'ont appelée Aurore.
Le jour de son baptême, la Cour entière et les royaumes voisins sont conviés.
Parmi les invités se trouvent ses trois fées marraines : Flora, Pâquerette et Pimprenelle.
En cadeau, elles décident de chacune lui *offrir un don* :
— Je t'accorde la beauté et la bonté, dit Flora en se penchant sur son berceau.
— Tu chanteras mieux que le rossignol, ajoute Pâquerette en agitant sa baguette.
Mais alors que Pimprenelle s'apprête à lever sa baguette et prononcer sa formule, un coup de tonnerre retentit !

Maléfique, une terrifiante sorcière, apparaît au milieu de flammes vertes, accompagnée de son corbeau.

— Ha ! Ha ! ricane-t-elle. Personne n'a donc songé à m'inviter ! Reine Orhiane et roi Stéphane, vous allez le regretter. Je vais, moi aussi, faire un don à votre fille… Certes, Aurore sera belle et généreuse ! Certes, elle chantera divinement ! Mais avant le coucher du soleil de son seizième anniversaire, elle se piquera le doigt sur la pointe d'une quenouille et…

Elle en mourra !

Et, sur ces mots terribles, Maléfique disparaît dans un éclat de rire diabolique.

Toute l'assemblée en reste muette, horrifiée. Le roi et la reine sont effondrés.

– Hélas, je ne peux annuler ce sort, mais je peux l'atténuer, les rassure Pimprenelle. Aurore, une quenouille te piquera le doigt, cependant tu ne mourras pas ! Tu tomberas dans *un profond sommeil* dont tu ne pourras sortir que par *le baiser* d'un prince charmant.

Après le baptême, les trois petites fées proposent au couple souverain de cacher la princesse dans les bois pendant seize ans, loin de la haine de Maléfique. Les fées devront abandonner la magie pour se déguiser en paysannes et n'éveiller aucun soupçon.
Le cœur lourd, le roi et la reine acceptent et regardent leur fille disparaître dans la nuit...

En secret, cachée dans une chaumière, Aurore grandit en beauté et en bonté. Les trois fées l'ont rebaptisée Rose et se font passer pour ses tantes. Aurore ignore tout de ses parents, tout du mauvais sort jeté par Maléfique.
Elle sait seulement qu'elle ne doit adresser la parole à personne. Or, *en rêve,* Aurore parle souvent... à un jeune homme beau comme un prince. Et elle parle aussi aux animaux de la forêt.
Elle passe tout son temps en leur compagnie.
Le matin de ses seize ans, les fées l'envoient cueillir des mûres.
En son absence, elles comptent lui préparer une surprise pour son anniversaire.

Aurore en profite pour raconter à ses amis animaux son rêve de la nuit dernière, avec un prince !
Elle se met à valser en chantant de sa voix cristalline :

— Mon amour, je t'ai vu *au beau milieu d'un rêve...*

Au même moment, le prince Philippe galope en direction du château du roi Stéphane, où tous attendent le retour de la princesse. Le chant mélodieux d'Aurore attire son attention et il tombe amoureux d'elle au premier regard ! Et à peine le voit-elle qu'elle sent son cœur battre pour lui. Ensemble, ils dansent dans la forêt.

— Quand pourrai-je vous revoir ? lui demande-t-il.

— Venez ce soir dans la chaumière au fond des bois. J'y vis avec mes tantes.

Lorsque Aurore est de retour, les fées lui souhaitent en chœur *un joyeux anniversaire !* Puis elles lui révèlent qu'elle est une vraie princesse et que, le soir même, elle retrouvera ses parents.
Aurore est effondrée : elle ne reverra jamais le prince de ses rêves...
Le soir venu, les trois fées conduisent Aurore jusqu'au château de ses parents.
Seule dans sa chambre, Aurore se prépare pour retrouver le roi Stéphane et la reine Orhiane. Attristée, elle songe au beau jeune homme qui doit l'attendre à la chaumière...
Mais soudain, Maléfique surgit *par magie.* Souriante et diabolique, elle fait apparaître une quenouille.
— Touche le fuseau ! Touche-le, te dis-je !
Ensorcelée, Aurore tend la main et s'y pique le doigt !

À cet instant, elle s'écroule sur le sol. Maléfique disparaît, victorieuse...
Alertées par le bruit, les fées arrivent... mais trop tard.
— Pauvre roi, pauvre reine ! s'écrient Pâquerette et Flora. Ils vont mourir de chagrin...
— Mais non, ils n'en sauront rien ! Par ma baguette magique, que tous les habitants du château s'endorment jusqu'à ce que l'amour d'un prince réveille notre princesse ! s'exclame Pimprenelle.
Les fées plongent alors tous les occupants du royaume dans *un profond sommeil.*

Pendant ce temps, Philippe se rend à la chaumière, dans l'espoir de revoir la paysanne rencontrée plus tôt… Mais c'est Maléfique qui l'attend !
La sorcière a découvert la cachette des fées au fond des bois et sait que ce prince peut réveiller la princesse. Elle fait donc capturer Philippe par ses soldats, qui le transportent jusque dans son château et le jettent au cachot. Mais les fées comprennent ce qui s'est passé, et elles volent sans bruit au secours du prince Philippe. *Par magie,* elles font tomber ses chaînes et chuchotent :
— L'inconnue que vous aimez n'est autre que la princesse Aurore ! Tenez, prenez cette arme extraordinaire pour combattre Maléfique : *l'Épée de Vérité.*

Alors que le prince Philippe se précipite pour sauver la belle endormie, Maléfique se lance à sa poursuite. Ivre de colère, elle fait voler mille flèches sur lui, mais ne parvient pas à le désarçonner ! Emportée par la rage, elle fait pousser une forêt de ronces, mais ne réussit pas à l'arrêter ! Et lorsqu'elle le voit prêt à franchir les portes du château de *la Belle au Bois Dormant,* elle n'hésite plus : elle se métamorphose en *un terrifiant dragon* crachant mille flammes. Mais le courageux prince lance l'Épée de Vérité dans le cœur du monstre, qui tombe en poussant un dernier hurlement.

Vite, le valeureux prince pénètre dans *le château endormi.* Guidé par les trois fées, il gravit un long escalier et, dans une chambre, découvre la belle Aurore.

Il reconnaît immédiatement la jeune fille avec qui il a dansé dans les bois et se penche sur elle pour lui donner un doux baiser d'amour. Aurore *ouvre les yeux* aussitôt. Elle sourit à son prince charmant, qu'elle attendait depuis si longtemps.

Dans le château qui sort de son sommeil, les jeunes amoureux descendent les escaliers qui les mènent à la salle de bal. Devant tout le royaume, ils se mettent à danser. C'est le début d'un amour qui durera toujours...

Disney Peter Pan

Ce soir, Monsieur et Madame Darling se préparent pour aller au théâtre. Bien sûr, Michel est encore petit, mais Jean et surtout Wendy, l'aînée, veilleront bien sur lui. Les garçons, debout sur un lit, croisent furieusement le fer en rugissant :
— Crochet, pirate de malheur, ta dernière heure est arrivée ! tonne Michel. Bientôt, ton corps sera jeté en pâture au crocodile !
— Prends garde, Peter Pan, riposte Jean. Maudit garnement, ta tête va voler dans les airs !
Wendy sourit d'entendre ses frères **jouer** les histoires qu'elle leur raconte.
Mais leur père arrive au même moment, furieux : les garçons ont dessiné une carte de pirate sur son gilet...

Une fois les enfants couchés et leurs parents partis, une ombre apparaît sur les toits... Un garçon **vole dans la nuit,** vêtu d'une tunique verte et coiffé d'un chapeau pointu, c'est Peter Pan !

Il n'a jamais voulu grandir et, depuis des années, est resté un enfant. Avec les fées, les sirènes et les pirates, il habite **le Pays Imaginaire...**

Une traînée scintillante ondule derrière lui : c'est la petite fée Clochette, qui l'aime en secret depuis longtemps.

Peter Pan adore venir écouter les histoires de Wendy. Mais, ce soir, il vient pour récupérer son ombre, qu'il a oubliée lors de sa dernière visite !

— Peter ! s'écrie gaiement Wendy, en le découvrant dans sa chambre.

Les garçons se réveillent à leur tour, fous de joie de rencontrer leur héros.

— Je vous emmène avec moi au Pays Imaginaire, leur lance alors Peter. Mais d'abord, il faut apprendre à **voler.**

Il jette une poignée de poussière d'atmosphère.

— Il suffit que vous rêviez d'aventures, murmure-t-il. Imaginez que **vos rêves les plus fous** se réalisent. Quand vous vous sentirez tout légers, agitez les bras.

— Ça marche ! s'écrient Michel et Jean.

Les trois enfants montent jusqu'au plafond, virevoltent, puis s'envolent dans la nuit derrière leur ami.

Après avoir navigué dans les étoiles, les enfants atteignent le Pays Imaginaire. Ils aperçoivent l'Île des Enfants Perdus, la Lagune aux Sirènes, le Village des Indiens…

Dans la Crique du Crocodile, le chef des pirates, le terrible Capitaine Crochet, a repéré Peter.

– Tête de mort et jambe de bois ! tonne-t-il. **FEU** sur ce garnement qui m'a tranché la main et l'a jetée au crocodile !

Peter esquive le boulet de canon et se tourne vers la fée :

– Clochette, emmène mes amis à l'abri, au repaire de l'Arbre du Pendu.

Mais la fée Clochette file comme une flèche devant Michel, Jean et Wendy. Elle ne veut pas de leur présence en ce lieu et compte bien les semer. En arrivant, elle raconte aux Enfants Perdus que Wendy est dangereuse et qu'il faut s'en débarrasser !

La jeune fille est donc accueillie par des jets de pierres, et Jean ouvre son parapluie pour s'en protéger.

Heureusement, voici Peter !
— Charmante façon de recevoir mes amis ! se fâche-t-il. Je vous amène une maman pour vous **raconter des histoires** et vous l'attaquez ?
— Clochette nous a dit de les bombarder...
La jalouse petite fée, démasquée, est bannie du groupe et s'enfuit.
— Maintenant, annonce Peter, j'emmène Wendy à la Lagune aux Sirènes.
Les Enfants Perdus et les petits Darling décident quant à eux de rendre visite aux Indiens de la forêt. Jean jubile en montrant une empreinte de pas... Le petit Michel remarque un sapin qui marche...
Trop tard ! Les Indiens surgissent de derrière les arbres et capturent les enfants.
— Ma fille, Lili la Tigresse, a été enlevée, hurle le Grand Chef.

De leur côté, Peter et Wendy sont arrivés à la Lagune aux Sirènes et découvrent Lili la Tigresse ligotée dans une barque. La fille du chef indien est prisonnière du Capitaine Crochet.

Le féroce pirate est loin de se douter que son pire ennemi l'observe du haut d'une falaise.

— Maintenant, dis-moi où se trouve la cachette de Peter Pan. Vite, ou tu vas périr noyée...

Courageuse, la jeune Indienne reste muette.

Peter bondit face au cruel pirate.

— Tu me cherchais ? **Me voici !**

Crochet brandit son épée. Peter, formidablement agile, rebondit sur la lame et s'envole dans une pirouette !

Soudain, **tic tac... tic tac...**

Crochet frémit à ce bruit inquiétant !

Le crocodile rôde. Cet animal a autrefois englouti dans la même bouchée un réveil et la main gauche du capitaine.
Nerveux, le pirate s'élance vers Peter Pan, l'épée en avant, glisse et tombe avec un cri perçant.
Au même instant, Wendy hurle : la marée monte, et Lili a de l'eau jusqu'au menton !
Peter Pan s'envole en emportant la jeune Indienne dans ses bras.
— Direction le village de ton père, lui dit-il. Merci de ne pas avoir révélé ma cachette...
— Et merci à toi de m'avoir sauvée.
Au Village des Indiens, le chef donne **une belle fête** pour célébrer le retour de sa fille. Et tous les enfants sont libérés...

Assise dans un coin, la fée Clochette regarde Peter s'amuser avec Wendy... Tout à coup, Mouche, le second de Crochet, s'empare de la petite créature. Il l'emmène sur le bateau du Capitaine, qui a échappé au crocodile.
— Peter ne fait plus attention à toi. Si tu me dis où se trouve Wendy, je la **chasserai...** sans nuire à Peter, bien sûr !
Clochette hésite, mais finit par lui révéler **la cachette** de l'Arbre du Pendu.
— Ah, je tiens ma vengeance ! s'écrie le pirate.
Le capitaine enferme aussitôt la fée dans une lanterne, et ricane en pensant au cadeau piégé que Mouche prépare pour Peter : quand il l'ouvrira, une bombe explosera !

La jalousie de Clochette l'a poussée à trahir son meilleur ami et, à cause d'elle, les Enfants Perdus et les Darling sont enlevés et attachés au grand mât. Clochette doit agir ! Elle se libère en brisant la lanterne en verre et fonce prévenir Peter du danger.

... BOUM ! La bombe explose.
À ce bruit, le Capitaine Crochet jubile et veut forcer les amis de Clochette à devenir pirates. Cependant, Wendy s'y oppose.

— Tu refuses de me servir ? Eh bien, **à la mer !**

Wendy monte bravement sur la planche, avance, saute... et atterrit dans les bras de Peter ! Clochette a pu le sauver à temps !

— Gare à toi, Crochet ! s'écrie-t-il en bondissant sur le pont. Ta dernière heure a sonné.
Sous ses assauts répétés, Crochet recule et tombe à l'eau.
Tic tac... tic tac... Le crocodile va-t-il enfin dévorer sa proie ? Terrorisé, le Capitaine Crochet nage à toute vitesse pour échapper à l'animal affamé.
Hourra ! Peter a gagné ! Un peu de poussière d'atmosphère sur le bateau qui s'envole... en direction de Londres, vers la maison des Darling.
— Adieu, Peter, murmurent tristement Jean, Michel et Wendy à leur ami.
Leur voyage dans les étoiles a duré peu de temps... juste celui d'une soirée. Mais c'est assez pour en **rêver** longtemps !

Disney

DUMBO

Pendant la nuit, des cigognes planent au-dessus du cirque endormi. Elles tiennent dans leur bec un baluchon avec un bébé pour chaque future maman. Lentement, elles lâchent leur précieuse cargaison. Installée dans son wagon, Madame Jumbo est impatiente : bientôt, elle aussi aura son tout-petit. Toutes les mamans ont reçu un bébé, mais Madame Jumbo attend toujours... Lorsque, enfin, un baluchon atterrit devant elle, elle découvre **un adorable éléphanteau aux grands yeux bleus.**

— Bienvenue, mon bébé, murmure-t-elle avec tendresse.

Tout à coup, l'éléphanteau éternue et déploie
d'immenses oreilles.
Les autres éléphantes, qui ont assisté à la scène,
éclatent de rire.
— Vous avez vu ces oreilles ? Ce petit est ridicule !
se moquent-elles.
— Ça suffit ! les gronde Madame Jumbo. Je vous interdis
de vous moquer de lui !
Devant sa colère, les éléphantes se détournent.
— C'est fini, mon Dumbo, le rassure sa maman
en le câlinant avec sa trompe. **Je serai toujours là
pour te protéger.**

Aux côtés de Madame Jumbo, l'éléphanteau apprécie la vie au cirque. Seulement, ses grandes oreilles l'embarrassent souvent. Quand elles ne le font pas trébucher, elles sont un sujet **de moqueries !** Un jour, un enfant vient même lui souffler dans les oreilles pour faire rire ses amis. C'en est trop pour Madame Jumbo. Elle barrit et se cabre devant ces garçons qui embêtent Dumbo. **Sa FUREUR** est telle que les garçons de piste ne réussissent pas à la maîtriser.

— Enfermez-la ! ordonne alors le directeur du cirque.
C'est ainsi que Madame Jumbo est enchaînée et séparée de son tout-petit. Désormais, Dumbo est livré à lui-même, car aucune des éléphantes ne veut s'occuper de lui. Seul Timothée, le souriceau du cirque, est révolté par l'injustice de la situation. Il offre des cacahuètes à l'éléphanteau pour **le consoler,** puis il lui fait part de son plan :
— Je vais t'aider à devenir **la vedette du spectacle.**
Le directeur ne pourra plus rien te refuser, et ils relâcheront ta maman.

Au cours de la nuit, Timothée se glisse **dans le lit** du directeur endormi et chuchote à son oreille :

— Imagine **une pyramide** d'éléphantes au sommet de laquelle sautera Dumbo, ce sera le clou du spectacle !
Le stratagème du souriceau fonctionne : au réveil, le directeur est convaincu d'avoir eu **une excellente idée dans son sommeil.**
Il ordonne aux éléphantes de former une pyramide en équilibre sur un ballon. Pour le final, Dumbo doit rebondir sur un tremplin et atterrir au sommet de l'édifice. Comme l'éléphanteau est gêné par ses longues oreilles, Timothée les attache pour la représentation.
— Vas-y, Dumbo, l'encourage le souriceau.

Face aux spectateurs, l'éléphanteau a le trac. Terrifié, il s'élance sur son tremplin, mais, une fois en l'air, ses oreilles se dénouent. Il s'empêtre dedans et fonce sur le ballon ! La pyramide s'écroule sous **les rires du public.**

— Puisque tu n'es bon à rien, Dumbo, s'énerve le directeur, tu participeras au numéro **des clowns.** Au moins, tes oreilles amuseront les enfants !

Lors de la représentation suivante, Dumbo est placé tout en haut d'une maison en flammes. Il doit sauter sur une toile tendue sur la piste par des clowns déguisés en pompiers.

L'éléphanteau est terrorisé, mais **il pense à sa mère** pour se donner du courage. Si le directeur est content de lui, il pourra la faire libérer. Alors, il saute dans le vide… mais la toile se déchire ! Et Dumbo atterrit dans une bassine d'eau. Les clowns lui ont joué un bien vilain tour.
Heureusement, Timothée est là pour le réconforter.
Après le spectacle, il lui confie son nouveau plan :
— Avec tes oreilles, je suis sûr que tu peux t'envoler. Personne n'a jamais vu **un éléphant volant,** tu les impressionneras tous !

Le lendemain, Dumbo essaie de suivre les conseils de son ami, mais il manque de confiance en lui et n'arrive pas à décoller. Pour l'aider à se lancer, Timothée lui confie une plume :

– **Elle est magique,** lui explique-t-il. Serre-la bien fort dans ta trompe et tu voleras sans problème !

Rassuré par la plume, Dumbo réussit à se propulser dans les airs.

Le soir, il se retrouve à nouveau en haut de la maison en flammes. Caché dans son chapeau, Timothée l'encourage. Au signal des clowns, l'éléphanteau s'élance, **agrippé à sa plume.**

Il agite ses oreilles quand, tout à coup, la plume lui échappe !
— Dumbo, lui crie Timothée, **c'est toi qui es magique,** ce n'est pas ta plume ! Crois-moi, tu sais **voler !**
Alors, Dumbo ferme les yeux, le cœur plein d'espoir et redresse la tête. Il bat des oreilles de toutes ses forces... et remonte en s'envolant !
Le petit éléphant humilié par tous tient sa revanche : il ridiculise les clowns, les éléphantes et le directeur, sous les applaudissements du public.

Jamais Dumbo n'a été aussi heureux ! Vite, il vole retrouver sa mère. Prêt à tout pour satisfaire sa nouvelle vedette, le directeur libère aussitôt Madame Jumbo. Cette dernière est très fière de son fils, elle l'aime tant ! Et c'est grâce à **cet amour**, et **un peu de magie,** que Dumbo devient le seul et unique **éléphant volant !**